SOPA DE LLIBRES

El paper utilitzat en aquesta edició compleix els requisits mediambientals FSC, que garanteixen un circuit sostenible en tota la cadena de producció.

© 2004, Txus Fernández i Montolí
© 2004, Montse Español, per les il·lustracions
© 2004 d'aquesta edició: Editorial Barcanova, SA
Mallorca, 45, 4a planta. 08029 Barcelona
Telèfon 932 172 054. Fax 932 373 469
barcanova@barcanova.cat
www.barcanovainfantilijuvenil.cat

Vuitena edició: març de 2011
Quarta impressió: juliol de 2014

Disseny: Manuel Estrada

ISBN: 978-84-489-1581-0
DL B. 7163-2011

Printed in Spain

L'Osvald, l'elefant musical

Txus Fernández
i Montolí

L'Osvald,
l'elefant musical

Il·lustracions
de Montse Español

*Per a la Mireia, l'Àlex
i en Marçal*

L'Osvald era un petit elefant
que, com és natural,
vivia a la ciutat dels elefants
en una casa per a elefants,
tenia uns pares
i uns germans elefants
i anava a una escola d'elefants.

Estava boig per la música;
era el més important per a ell.
A tothora en sentia: llatina, *rock*,
disco, *dance*, *hip-hop*, *pop*...;
en fi, de qualsevol tipus.
La que més li agradava, però,
era la música clàssica.

A l'escola,
la seva assignatura preferida era,
per tant, la de lectura musical,
en què els ensenyaven solfeig.
L'Osvald era el primer de la classe:
les seves notes eren immillorables.
No passava el mateix
amb la resta de matèries, ja que,
tot i que era molt intel·ligent,
no hi posava tant d'interès
com amb la música
ni estudiava el que calia.

El petit elefant volia ser músic.
Feia temps que això
li rondava pel cap
i ja ho tenia decidit:
seria pianista.
Malauradament,

a la ciutat dels elefants
no hi havia conservatori
(que és l'escola
on s'aprèn a ser músic).

Això representava, de moment,
el primer gran problema
per a l'Osvald. El segon problema
era que als seus pares
no els feia ni mica de gràcia
la carrera que el seu fill havia triat.
Els hauria agradat que,
com els seus germans,
s'hagués interessat per uns estudis
que tinguessin un futur més segur.

–Fill meu, els músics,
si no són molt bons i famosos,
es moren de gana –li deia la mare–.
Per què no fas medicina?

–Però, mare, jo no vull ser metge.
Jo vull ser músic; crec que tinc talent.

I si puc ser conegut i famós, millor;
si no, tampoc no m'importa.

L'elefant se sentia
tan incomprès...
Si fins i tot els seus amics
li feien burla:
   —Osvald —li deien
quan es volien ficar amb ell—,
si vols et fem uns foradets
a la trompa i així podràs tocar
la flauta!

I tots reien quan l'elefant,
vermell com un pebrot,
es mossegava la llengua
per no barallar-se amb ningú.
Era molt pacífic, l'Osvald.

Però ni les riotes dels seus amics,
ni l'opinió dels seus pares,
no el farien fer-se enrere.
Portava la música massa endins
i la il·lusió d'arribar a ser
un gran pianista
era el seu gran somni.

Havia d'inventar-se un bon pla
per arribar a la fita
que s'havia proposat.

A la Gran Ciutat
sí que hi havia
un conservatori;
li ho havia dit
el seu mestre de música.
El que passava

era que estava segur
que els pares no l'hi deixarien
anar tot sol.
La Gran Ciutat,
tal com deia el seu nom,
era un lloc immensament gran.
No tenia res a veure
amb la ciutat dels elefants,
que era molt més petita.

La característica
que més la diferenciava
eren els seus habitants
(tant pel nombre com pel tipus).
Hi convivien
tota mena de criatures.

La meitat eren persones i la resta,
una barreja d'espècies;
si una era curiosa,
l'altra encara ho era més.

Tant podien viure-hi monstres
com tortugues, elefants,
mags, girafes, elfs, cucs, nans
i uns quants animals estrambòtics
que no tenien nom.

La Gran Ciutat era, a més,
el centre cultural més important
del país. S'hi podia estudiar
absolutament de tot.
També hi havia biblioteques,
museus, teatres, cinemes...
En fi, era un lloc molt interessant
i amb molta activitat.

L'elefant va recordar
que la Marcel·lina,
una cosina elefanta de la seva mare,
vivia allà. Tenia una casa
preparada per a elefants
(això era bàsic perquè, per exemple,
no podia viure en una casa de nans).
Si pogués convèncer els pares
d'anar amb ella...

Així doncs, el pas següent va ser
començar una intensa campanya
per obtenir el permís
que tant desitjava.

    –Pare, jo podria anar
a casa de la cosina Marcel·lina.

A la Gran Ciutat
puc estudiar música.
Així no estaria sol
i ella em vigilaria molt.

    –Osvald, ¿que no veus
que ets massa petit
per viure fora de casa?
–li va respondre el pare–.
Aquí, a la ciutat dels elefants,
tens unes quantes universitats.
Què et costaria triar
qualsevol altra cosa
que puguis estudiar aquí?

–És que jo vull ser pianista...
La Gran Ciutat és bastant a prop.
I, a més, la casa de la cosina
és per a elefants,
no hi tindré cap problema.
Fins i tot em puc endur el mòbil
perquè em tingueu controlat.
Au, va, pare...

–Mira, potser el millor
és que en parlis amb la mare,
a veure què hi diu, ella
–va proposar el pare
amb un gran sospir.

Sense perdre ni un segon,
l'Osvald va anar a buscar la mare.
La va trobar a la cuina
fent un pastís de poma.

Els pastissos de poma
són les postres predilectes
dels elefants.
L'Osvald li va dir pràcticament
el mateix que feia cinc minuts
havia dit al pare.

–No ho sé, rei. No m'agrada
que vagis a la Gran Ciutat tot sol.
Per què no deixes passar
un parell d'anys?

–Mare, no puc esperar més
–li va dir l'Osvald–.

Haig de marxar aviat
per arribar a temps
i trobar plaça;
no vull perdre cap curs.

–Ja parlaré amb el teu pare
–li va dir molt poc convençuda–.
A més, no sabem què en pensarà
la meva cosina, de tot això.

Va fer mitja volta
per continuar fent el seu pastís,
la qual cosa va deixar ben clar
al seu fill que no volia parlar més
d'aquella qüestió.
El petit elefant
estava molt impacient.
Malgrat tot, va pensar
que el millor seria retirar-se
discretament.

Durant les dues setmanes següents,
però, no va parar de parlar
del mateix a qualsevol hora del dia:
mentre esmorzaven, quan dinaven,
a l'hora de sopar
o fins i tot per sorpresa,

quan ningú no s'ho esperava.

De vegades s'amagava
darrere una planta
i, quan veia el pare o la mare,
sortia cridant, fent un gran ensurt
a qui el sentia:
—Vull ser músic!
En veure el gran interès
que mostrava l'Osvald
per estudiar música,
i cansats per la seva insistència,
els pares van prendre una decisió:
l'hi deixarien anar
durant un curs escolar,
només per veure
com li anava l'experiència.

Havien parlat
amb la cosina Marcel·lina,
que s'havia alegrat molt
de tenir un jove a casa seva:
estava farta de viure sola.
Quan ho van comunicar
a l'Osvald, els seus visques
i crits d'alegria
es van sentir per mig barri.

Després d'agrair-los-ho
dues-centes vegades
i de prometre'ls que faria bondat,
va sortir disparat
per explicar als seus amics
que ho havia aconseguit.

Aquells dies
el petit elefant
va tenir molta feina:
fer les maletes,
comprar el bitllet del tren,
informar-se d'on era

el conservatori de la Gran Ciutat,
acomiadar-se de tothom, etc.

Per fi, va arribar
el dia de marxar.
Quan es va llevar,
l'Osvald era
un manyoc de nervis.
No volia fer tard
i va anar a despertar
tota la família,
que l'havia d'acompanyar
a l'estació.

Tots estaven tristos,
ja que el trobarien a faltar molt.
   Un cop a l'andana,
les llàgrimes, les abraçades
i els petons d'última hora
semblaven no acabar mai.

Però el xiulet els indicava
que l'Osvald havia de pujar al tren.
Anava tot cofoi, perquè el viatge
el portava a complir
el més gran dels seus somnis.
Després d'unes quatre hores
de viatge, va arribar
a la Gran Ciutat.
Estava força espantat:
mai no havia estat
tan lluny dels seus
i se sentia sol.

Però de seguida
li va passar la por,
ja que va veure una bonica trompa
bellugant-se per sobre dels caps
de molta gent:
era la cosina Marcel·lina,
que l'havia anat a rebre.
   L'elefanta tenia
una cara d'allò més simpàtica
i duia un barret molt divertit.

L'Osvald, quan la va veure
i la va sentir parlar,
va saber que amb ella
s'hi trobaria tan a gust com a casa.
  No van parar de xerrar
mentre caminaven cap a la torre
on vivia la cosina Marcel·lina.

De lluny es podia distingir
fàcilment que era la casa
d'un elefant, sobretot
perquè els veïns de la dreta
eren una família nombrosa
de cucs i a l'esquerra
hi vivia un gegant solter.

El primer que va fer l'Osvald
va ser instal·lar-se a l'habitació
que li havia preparat la cosina.
Després va visitar tota la casa,
i quan ja havia vist
fins i tot el jardí, va dir:
   —Cosina Marcel·lina,
si no et sap greu aniré a voltar
una mica per la Gran Ciutat.
He fet un plànol
per arribar al conservatori.
Així, demà al matí,
no em perdré.
Et sembla bé?

El curs començava
justament l'endemà.

–Sí, és molt bona idea
–va dir la Marcel·lina–.
D'aquesta manera també veuràs
una mica l'ambient.
Però vigila molt,
no vull que et perdis.
I si tens cap problema,
truca'm de seguida,
d'acord?

–No pateixis,
aniré amb molt de compte.
    L'Osvald va sortir al carrer
i va començar a caminar.
Que diferent que era tot!

Li va cridar molt l'atenció
que els carrers fossin plens
de gom a gom;
a més de moltes persones,
hi havia tota mena de criatures
que l'elefant no havia vist mai.
Feia gràcia veure un elf

parlant amb una girafa
o un gegant mantenint
una conversa amb un cargol.

Les persones
eren les que semblaven
anar més de bòlit; tanmateix,
també s'hi podien veure,
asseguts a la terrassa d'un bar,
nois i noies amb nans i elefants.

La convivència semblava
d'allò més normal,
malgrat que fossin tan diferents.

A l'elefant no li va costar gens
arribar al conservatori; només
va haver de seguir el plànol.
Quan va veure la façana
va quedar bocabadat:
mai no s'hauria imaginat
que fos un edifici
tan gran i tan maco.

Ja es veia dins d'aules
plenes d'instruments musicals
pertot arreu.
Però no volia fer patir
la cosina Marcel·lina,
i va tornar cap a casa,
on l'esperava un sopar esplèndid.
Aquella nit, l'Osvald
quasi no va aclucar l'ull...:
quins nervis!
L'endemà era un dia
molt important per a ell.

Al matí no va necessitar
el despertador per llevar-se.
No va voler esmorzar,
tot i la insistència
de la cosina Marcel·lina:
deia que tenia l'estómac encongit.
Es va acomiadar amb un petó
i va sortir cap a l'escola de música.

Afortunadament,
ja havia fet el camí el dia abans,
perquè en l'estat en què es trobava
li hauria costat molt d'arribar-hi.
   Quan va ser al conservatori,
va pujar les escales

i es va dirigir al taulell d'informació.
Una secretària molt seriosa
estava treballant amb l'ordinador.
No tenia un aspecte gaire simpàtic.
Duia els cabells
recollits en un monyo
i unes ulleres molt lletges
a la punta del nas.
Feia una mica de respecte.

—Bon dia, senyoreta
—va dir-li l'elefant–:
miri, jo vinc a estudiar piano.
És que m'agrada molt la música,
sap? Bé, agradar
no és ben bé la paraula;
en realitat és la meva vida,
oi que m'entén?

–T'entenc perfectament,
però no cal que m'expliquis
la teva vida; estic molt enfeinada
amb les matrícules del nou curs
–va respondre la noia secament–.
A veure, què dius que vols?

   –Doncs ja li ho he dit,
vull estudiar piano
–va dir més tímidament l'Osvald.

–Bé, et prenc les dades
i, si vols, pots començar
avui mateix.

I va començar a fer-li preguntes:
nom, cognoms, adreça,
data de naixement, etcètera.

Quan va haver acabat,
l'estirada secretària li va dir:
  –D'aquí a mitja hora has de ser
a l'aula 6, professor Martí.
–I sense afegir res més,
va continuar amb la seva feina.

  No cal dir que l'Osvald
estava encantat. Tot satisfet,
va preguntar a un parell de noies
on era l'aula i s'hi va plantar
en dos minuts.
I va ser precisament en aquell punt
on van començar tots els problemes.

Si es podia considerar
la Gran Ciutat
un exemple de convivència
entre diferents espècies,
la veritat era
que qui havia construït
aquell edifici
no ho havia tingut en compte.

Semblava que només homes
o criatures petites
havien d'estudiar música.
Els elefants, per exemple,
no fan les mateixes mides
que les persones.

   Quan l'Osvald
va voler entrar a l'aula
ho va poder comprovar:
va quedar encallat
al mig del forat de la porta,
no podia entrar ni sortir,
per més esforç que feia.
   –Auxili! Auxili!
–va començar a cridar tan fort
que quasi es quedà afònic.

Per sort, al cap de poc
van arribar corrents
uns estudiants de violí
que havien sentit
la cridòria de l'Osvald.
   –No t'espantis,
que de seguida et traiem d'aquí
–li van dir els nois.

    Llavors, entre tots
van començar a empènyer l'elefant
amb tanta força que l'Osvald
va entrar a l'aula, amb tan mala sort
que va anar a parar
amb tot el seu pes
sobre el professor Martí,
que va quedar ben aixafat.

El mestre es va aixecar
a poc a poc, i mentre es recuperava
i es posava bé la corbata, va dir:

–Quina manera tan agressiva
que té vostè d'entrar a classe!

–Li prego que em disculpi,

professor Martí.
Em dic Osvald
–va dir l'elefant
molt avergonyit.

–Bé, serà millor
que ens oblidem
d'aquest incident.
Anem per feina,
que no tinc
gaire temps per perdre.
Si vostè és aquí
deu ser perquè vol aprendre
a tocar el piano, m'equivoco?
–No, professor Martí.
És molt important per a mi.

–Ha de saber que el piano
és l'instrument més complet,
però també un dels més difícils
i més durs.
Hi ha de dedicar moltes hores
i practicar cada dia.

Si comença a estudiar amb mi,
no vull que pensi en res més
ni que perdi el temps en altres coses.
Sóc molt exigent, jo.

–No pateixi, senyor,
vinc disposat a treballar
de valent.

–D'acord, doncs: comencem.
Segui a la banqueta i provarem
la sensibilitat de les seves mans.

Però quan l'Osvald
va posar el cul al seient,
la banqueta va quedar feta miques
i l'elefant va anar a parar a terra.
Quin ensurt que es va endur!

El professor Martí,
per fer passar els nervis
al seu alumne, va dir:
   –No passa res.
Vostè ja és prou gran,
pot tocar dempeus.
Vinga, posi les mans
sobre el piano
i toqui quatre o cinc tecles.

Aquest comentari
va deixar més tranquil l'elefant.
L'Osvald, però,
mai no s'havia parat a pensar
un parell de coses molt importants:
primer, que no tenia dits
i, segon, que les seves potes
pesaven molt.
Pobre elefant!
Tan bon punt va col·locar
les potes sobre el piano,
aquest va començar a esquerdar-se
i es va anar trencant a poc a poc,
fins que, destrossat,
va caure a terra
i va fer una gran polseguera.

I, a més, no s'havia sentit ni
una sola nota! Això sí que va ser
una catàstrofe: el piano! Havia
trencat el piano! L'Osvald es va
quedar tan parat que si l'haguessin
punxat, no li haurien tret sang.

I el professor Martí,
ara verd com una col,
enfurismat com mai,
va començar a escridassar-lo.
Havia arribat al límit
de la seva paciència.
Molt espantat,
l'elefant, cames ajudeu-me,
va sortir corrents de l'aula
sense l'ajut de ningú
per travessar la porta.

El seu somni s'havia desfet...
La tristor de l'elefant era tan gran
que no podia parlar,
només plorava i plorava.
Va seure a terra, en un racó,
i va estar-s'hi una bona estona
pensant.

L'Osvald, però,
tenia un caràcter optimista
i molt positiu;
no es deixava vèncer fàcilment
per les dificultats.
Es va recuperar aviat:
havia tingut una bona idea.

Si no podia tocar el piano,
de segur que hi hauria
algun altre instrument per a ell.
Es va aixecar, tot decidit,
per parlar amb la secretària,
que, com sempre,
estava molt ocupada.

—Senyoreta —li va dir—,
l'experiència del piano
no ha estat gaire bona.
M'agradaria provar d'aprendre
a tocar la flauta travessera.
    —Molt bé
—li va respondre la noia,
una mica molesta
per la interrupció—.
Espera un segon,
que et canviaré unes dades...
Vés a l'aula 8, professor Anglada.
    Mentre es dirigia cap a l'aula
va pensar que no tindria
problemes per entrar-hi,
ja que no li havia costat gens
sortir de la classe de piano.

Segurament s'havia aprimat
una miqueta amb l'esforç
que havia hagut de fer abans.
Millor. Va arribar a l'aula 8
sense dificultats,
va trucar a la porta
i va entrar fàcilment.

–Que és el professor Anglada,
vostè?

–Sí, i tu deus ser l'Osvald,
el meu nou alumne, oi?
Que saps alguna cosa
sobre la flauta?

–Doncs, no, la veritat.

El professor li va fer cinc cèntims
de com era una flauta travessera,
de com s'havien
de col·locar els llavis
perquè en sortís el so,
de com s'havia d'agafar...,
i tot seguit va dir:
  —Endavant, ara veurem
si hi tens facilitat.
El primer que farem
serà provar com bufes.
Agafa la flauta i intenta,
molt suaument, que surti algun so,
encara que sigui lleig.

L'elefant, molt emocionat,
es va posar la flauta
a la punta de la boca.
Però, ai! Quan va començar
a treure una mica d'aire,
la flauta va sortir disparada
i va anar a parar a l'ull esquerre
del professor Anglada.

FISSSS!!

L'Osvald tampoc
no havia tingut en compte
que els elefants tenen molta bufera
i que, a sobre, els surt
amb una força exagerada.

Aquesta vegada no hi hagué crits,

ja que el mestre va quedar a terra
ben estabornit i només pensava
a desincrustar-se la flauta de l'ull.
No deia res de res, solament ais i uis.
De fet, no calia que li diguessin res,
l'elefant no era cap babau
i ja s'adonava
que havia tornat a fracassar.

Malgrat tot, l'ànim de l'Osvald
no se'n va anar per terra.
Sense perdre ni un minut,
va tornar a anar a veure
la secretària.

Ja sabia que la destorbaria,
i li sabia greu,
però necessitava la seva ajuda.
Amb una mica de sort
no s'enfadaria amb ell.

   –Disculpi'm una altra vegada,

senyoreta –va dir–.
Necessitaria,
si fos tan amable,
que em donés un consell.

Quin instrument creu
que és el més adient
per a un elefant?
   –No ho sé, noi,
jo només sóc la secretària
–la noia va aixecar el cap del teclat
i el va mirar fixament als ulls–.
Ets una mica pesat, saps?
Per què no et dediques
a una altra cosa si ja veus
que no te'n surts, amb la música?

Aquell comentari
va ofendre molt l'elefant,
que de seguida va saltar:
—Ah, no! Això sí que no!
Vostè no sap el que m'ha costat
arribar fins aquí! Per què creu
que tinc unes orelles tan grans?
Doncs perquè tinc una oïda
fantàstica per a la música.

Fent un gran sospir,
la noia va respondre:
    –L'única cosa
que et puc aconsellar
és que recorris tot el conservatori
fins que trobis el que busques.
–I mirant una altra vegada
cap a la pantalla de l'ordinador,
va tornar a la seva feina.

L'elefant va trobar
que era una idea molt bona.
Voltar sol pertot arreu
el deixaria més lliure.
Per tant, va començar
a caminar corredor amunt

disposat a descobrir
quin seria el seu futur musical.
    Per dir-ho d'alguna manera,
no va ser una experiència
gaire afortunada.

Quan va provar
amb la percussió,
l'Osvald va destrossar
els timbals, els bongos,
els xilòfons, els tambors
i tot el que va caure
entre les seves potes.
No podia controlar
la seva força.

Quan ho va intentar
amb els instruments de corda,
només va aconseguir fer mal,
amb sang i tot,
al mestre i als seus companys.

L'elefant havia convertit
les cordes dels instruments
en autèntics fuets
que sortien disparats
i ferien tothom que era a prop.
Sense dits, no tenia la precisió

que requereixen les cordes.

Quan va arribar el torn
als instruments de vent,
les aules van quedar arrasades
talment com si un huracà
hagués passat pel conservatori.
Ho va intentar amb la trompeta,
amb el trombó, amb la tuba,
amb el corn, amb l'oboè...,
amb tots i cadascun
dels instruments de la classe.

Li va passar el mateix
que amb la flauta:
no podia controlar
la seva bufera.
   El pas de l'Osvald
pel conservatori
havia estat
una autèntica catàstrofe.

Ja no quedava
res més per provar
ni per trencar,
i tot això en un sol dia!
La dura realitat
era que l'Osvald
no podia tocar cap
dels instruments del món.

Se n'acabava d'adonar,
i totes les seves esperances
se n'anaven en orris.
I per acabar-ho d'arrodonir,
era un problema sense solució.
   Ara sí que l'elefant
estava deprimit de veritat.
Ja no li quedava
ni una miqueta d'ànim.
El pobre, a poc a poc,
amb el cap tan baix
que arrossegava
la trompa per terra,
es dirigia cap a la sortida
del conservatori.

   Havia de marxar,
no calia que ningú li fes veure
que tot era inútil,
ell sol ja se n'havia adonat.
Ni tan sols li feia por
que li fessin pagar
tot el que havia malmès.

Però quan passava
davant l'aula 47,
li van cridar l'atenció unes veus.
Va treure el cap per la porta
i va veure un grup
que intentava cantar.
Ho feien malament,
molt malament.

L'Osvald va entrar a la classe,
va seure i es va posar a escoltar.
Se suposava que allò
era un cor, però en realitat
era una olla de grills!
Cadascú cantava el que volia,
sense cap ordre ni concert.
L'elefant havia cantat
a la coral de l'escola
i sabia perfectament
com havia de sonar un cor.
Li havia encantat aquella època
en què ell era cantaire,
i a més havia fet d'ajudant
del director. Feia els assaigs
quan el director no podia anar-hi;
fins i tot li havia deixat dirigir
algun concert,
i havia gaudit d'allò més.

Allò que estava sentint
li feia mal a l'orella.
I llavors, sense pensar-s'ho gaire,
es va aixecar i va dir:
 –Ep! Escolteu!
 Tots van callar, sorpresos
per la presència de l'Osvald.
 –Que no teniu director?
–va preguntar.

–No –va contestar un nan–,
cantem sols.

–Si voleu us puc ajudar
–i com que ningú no deia res,
l'elefant va continuar parlant–.
Potser serà millor
començar pel principi:
us provaré les veus.

L'Osvald va anar per feina.
Va fer cantar cadascun
dels membres del cor
i els va anar distribuint
en quatre grups,
dos de nois i dos de noies.

Després els va anar col·locant
segons si tenien la veu
més aguda o més greu.
I quan els va tenir tots asseguts
al lloc que els corresponia,
s'hi va posar al davant.

Va demanar a la girafa de la dreta
la partitura que estaven assajant
quan ell va entrar a la classe.
La va estudiar durant uns instants:
era una peça molt bonica
del Renaixement,
d'un músic d'Àvila,
Tomás Luis de Victoria.

Ara sí
que tots estaven preparats.
L'Osvald va demanar a un noi
que toqués quatre notes al piano
i els va dir:
—Heu sentit
el to que us correspon?
—per si de cas
els ho va cantar ell—.
Au, ara canteu
només aquesta primera nota.

S'havia fet un gran silenci.
L'elefant va fer un senyal
perquè tots comencessin a cantar.
I així ho van fer; el resultat
va ser excel·lent.

   –Heu sentit que bé que sonava?
–va dir l'Osvald–.

Ara ja cantarem la cançó sencera.
Sobretot, mireu-me!

   L'elefant va donar els tons
una altra vegada i,
utilitzant la trompa com a batuta,
els anava dirigint.

Els indicava
quan havien de començar,
quan havien de cantar
més fort o més fluix,
els donava totes les entrades
i, quan ja arribaven al final,

els va fer un senyal per acabar.
   –Ho heu fet molt bé
–va dir l'Osvald–,
però encara ho podeu fer millor.
A veure –va continuar–,
un parell de recomanacions.
No canteu amb el nas
enganxat a la partitura,
ja que aleshores la veu
xoca contra el paper:
el que cal és que arribi ben lluny.

Quan canteu, imagineu-vos
que sou cantants d'òpera;
penseu que sou en un gran teatre
dalt de l'escenari
i que les persones assegudes
a l'última filera
us han de sentir.

No vull dir que crideu, però.
I canteu gaudint de la música,
amb un somriure a la cara.
La gent que us escolti
quedarà bocabadada,
ja ho veureu.

Ah! I per acabar,
heu de mirar molt el director.
Penseu que és qui us dirigeix,
i no a l'inrevés.
És molt, molt important
mirar el director, és bàsic;
si no, no podeu veure
les indicacions que us fa;
si canteu de memòria
us costarà menys
fer tot el que us he dit.

Bé, quan tingueu un bon director,
tot us semblarà més fàcil,
ja ho veureu.

Després d'aquest breu discurs,
l'Osvald va dir:

–Ho tornem a provar?

Hi insisteixo: mireu-me!
Mireu-me molt!
I, si podeu, canteu de memòria.

Aquest cop el so va ser preciós
i la interpretació, magnífica.
Tothom havia seguit
al peu de la lletra
les instruccions de l'Osvald.

Els membres del cor
es miraven els uns als altres.
Mai no havien cantat tan bé.

–Us felicito –va dir l'elefant–;
ja veieu que treballant com cal
ho podeu fer molt bé.

Perdoneu que m'hagi ficat
a la classe sense demanar permís,
però ja marxo.
Gràcies per escoltar
els quatre consells
que us he donat.
Adéu a tots.

I mentre feia mitja volta
per marxar, un dels nois va dir:
   –Ei, no marxis! Espera!
Que no veus el que has fet?
   –Jo? Però si no he trencat res!
–va contestar l'Osvald
amb una mica de por.
   –Què dius! Qui parla
de trencar res?
¿No has vist que has aconseguit
que cantéssim com cal?
¿No has notat la diferència
amb el que senties quan has entrat?
   –Home sí..., sí que ara
canteu molt més bé...

–Vols ser el nostre director?
–va proposar-li un altre cantaire.
  Aleshores tots van anar dient:
  –Sí, queda't amb nosaltres!
  –No marxis, si us plau!
  –Amb tu podem millorar molt!
  –Queda't, per favor!
  –Va, que et necessitem,
ets molt bon director!

L'Osvald estava desconcertat.
Tot ple de gent al seu voltant
pregant-li que no marxés.

De sobte es va adonar
del que havia passat:
finalment havia trobat
el seu lloc en la música!
Sí, seria un director,
un bon director.
Havia aconseguit
allò que desitjava,
poder dedicar-se a la música,
una cosa que sempre
li havia encantat, i a sobre
per pura casualitat.

–I tant que em quedo, nois!
–els va dir l'elefant, contentíssim,
provocant una cridòria d'alegria.
El dia havia estat dur
i se sentia esgotat.
Però volia anar un altre cop

a parlar amb la secretària
per matricular-se definitivament
al curs de direcció.
També volia trucar als seus pares
i a la cosina Marcel·lina
per explicar-los
com li havia anat tot
i dir-los que estava molt content.

Caminant pel corredor, l'Osvald
se sentia feliç com mai.
Per fi, podria començar
la seva carrera de músic.
   Ah! I sortosament,
res ni ningú
no correria perill
al seu costat.

Han escrit i  han dibuixat...

Txus
Fernández i Montolí

Vaig néixer a Barcelona el 1959. Durant una època vaig fer de cap d'un agrupament escolta i vaig dirigir una coral infantil. Vaig estudiar Psicologia Infantil i, després, Òptica. Ara treballo d'optometrista (miro la vista de les persones per decidir quina graduació han de tenir les ulleres). A la meva consulta vénen també nens i nenes, i si hi veuen malament, els faig posar ulleres. Sempre m'ha agradat explicar contes. Als meus fills i als fills dels meus amics els agraden molt. Quan vaig començar a escriure, vaig adonar-me que no em costava gens de fer-ho, i que com més escrivia, més coses se m'acudien. L'Osvald va néixer fa temps, i quan el vaig retrobar, el vaig convertir en protagonista d'aquest llibre. I és que sempre m'ha agradat la música: canto des de fa temps en dues corals. La música i escriure són les meves passions.

Montse Español

Sóc aranesa (1967), però des que em dedico a aquesta professió visc amb un peu a la ciutat i un altre a la muntanya. Em considero afortunada perquè amb un llapis a la mà (o un pinzell, una ploma, un retolador...) sóc capaç d'explicar tota mena d'històries i de dibuixar qualsevol situació o personatge. I tot gràcies al traç, al color, a la imaginació i a tot el que vaig aprendre a les escoles d'Arts Aplicades de Tàrrega i de Barcelona. Des que vaig començar a dibuixar, he tingut l'oportunitat de fer il·lustracions de grans dimensions per a escenografies i també petites il·lustracions per a llibres de text o per a llibres de lectura, com aquest que teniu a les mans.

També m'agrada gaudir de les coses senzilles de la vida: contemplar l'arc de sant Martí, viatjar o escoltar històries boniques.